Jutta Lammèr

Ravensburger® Hobbykurse

Einfache Scherenschnitte

Otto Maier Verlag
Ravensburg

CIP-Kurztitelaufnahme der Deutschen Bibliothek

Lammèr, Jutta:
Einfache Scherenschnitte/Jutta Lammèr. –
Ravensburg: Maier, 1986.
(Ravensburger Hobbykurse)
ISBN 3-473-45677-2

Fotos: Lammèr Produktion
Zeichnungen und Vorlagen: Katja Mackens-Hassler
Satz: E. Weishaupt, Meckenbeuren
Gesamtherstellung: Himmer, Augsburg
Printed in Germany

89 88 87 86 4 3 2 1

ISBN 3-473-45677-2

Inhalt

Zur Geschichte

Die bisher ältesten Papierschnitt-Zeugnisse wurden 1959 bei archäologischen Ausgrabungen in Kao-ch'ang (China) gefunden. Die Sinologin Jutta Bewig schreibt dazu im „Wegweiser zur Völkerkunde" 1978, herausgegeben vom Hamburgischen Museum für Völkerkunde: „Diese Grabfunde werden auf die Zeit zwischen 514 und 551 datiert. Die dort gefundenen Stücke sind gefaltet geschnittene Scherenschnittrosetten mit geometrischen Mustern, in die zum Teil figürliche Darstellungen von einander gegenüberstehenden Pferden oder Affen eingearbeitet sind.
Bei weiteren Ausgrabungen fand man in den 60er Jahren neben anderen Grabbeigaben aus Papier ebenfalls Papierschnitte mit ähnlich geometrischen Rundmotiven sowie einen Scherenschnitt mit aneinandergereihten Menschenfiguren."
Der erste namentlich bekannte Chinese, der Papierschnitte anfertigte, um anläßlich des Frühlingsfestes seinen Haarknoten damit zu schmücken, war Chin Wu. Dies geht aus einer Aufzeichnung des Chinesen Chow Mi aus dem 13. Jh. hervor. Im frühen China wurden Papierschnitte vor allem als Beigaben zur Ausschmückung des Totenlagers Verstorbener verwendet sowie zur Dekoration der Häuser und Kleidung anläßlich des Frühlingsfestes. Man benutzte sie auch als Stickmuster, wobei das dünne Papier auf den Stoff gelegt und mit Plattstichen überstickt wurde. Das

Chinesische Stapelschneiderin bei der Überprüfung ihrer Arbeit. Stapelschnitt aus der Serie Papierkünstlerinnen, 70er Jahre, Zhong Guo (Volksrepublik China).

Chinesischer Stapelschnitt aus den 70er Jahren aus der Serie Papierkünstlerinnen, eine Aquarellmalerin darstellend. Zhong Guo.

Papier verblieb unter der Stickerei. Schnitte aus kräftigerem Papier wurden gegen Feuchtigkeit präpariert und als Schablonen für Dekorationsmalereien verwendet. Im Laufe der Jahrhunderte entwickelte sich der chinesische Papierschnitt immer mehr zur Volkskunst. Junge Mädchen fertigten neben kostbaren Stickereien auch eine Anzahl verschiedener Papierschnitte an, die sie als Zeichen ihrer Geschicklichkeit den Eltern des für sie vorgesehenen Ehemannes schenkten.

Die Tradition des Papierschnitts hat sich in China bis auf den heutigen Tag fortgesetzt. Man unterscheidet drei Gruppen: die Hobby-Papierschneider, die halbprofessionellen Papierschneider – kleine Familienbetriebe, die als Nebenerwerb Stapelschnitte herstellen und diese auf dem Markt anbieten – und professionelle Papierschneider, die vor allem in Foshan, Jianzhi und Zhong Guo ansässig sind. Neben traditionellen Motiven findet man Szenen aus dem Arbeits- und Gesellschaftsleben der Volksrepublik China.

Die Chinesen verfügen über ein breites technisches Spektrum. Die Arbeiten, mit Messer oder Schere, oftmals mit beidem ausgeführt, sind entweder Einzel- oder Stapelschnitte. Faltschnitte werden von den professionellen Papierschneidern der heutigen Zeit nicht hergestellt.

Stapelschnitte werden auf einer Talgunterlage mit einem scharfen Messer aus zusammengehefteten Seidenpapierlagen nach einer Schablone herausgearbeitet. Sie sind einfarbig, und ihre Linien und Flächen sind kräftiger als die mit Messer oder Schere angefertigten Einzelschnitte (vergl. Abb. auf S. 6 und S. 11). Einzelschnitte sind entweder einfarbig aus kräftig gefärbtem Seidenpapier, dünnem weißem Papier oder Goldpapier. Schnitte aus weißem Papier werden anschließend mit Wasserfarben koloriert. Goldpapier-Arbeiten werden mit farbigen Papieren ganz- oder teilflächig hinterklebt (vergl. Abb. Seite 12 und 13). Teilflächig hinterklebte Arbeiten nennt man auch Fensterschnitte, weil sie wie farbig verglaste Fenster wirken. Neben den genannten Arbeiten kennt man noch Papierschnitt-Collagen.

◁ Sechs Szenen aus dem Arbeitsleben der Volksrepublik China. Messerschnitte aus Foshan, einem der Zentren Chinesischer Papierschnittkunst. 70er Jahre.

Scherenschnitte aus Aquarellpapier, nach dem Schneiden farbig ausgemalt und gepreßt. Solche Arbeiten wurden und werden heute noch in China für Découpagen verwendet: Man klebt sie auf einen vorbereiteten Holzuntergrund und versieht sie mit mehreren Lackschichten, so daß das Endprodukt wie Malerei wirkt.

Wer sich mit fernöstlichen Traditionen und der damit verbundenen Symbolsprache nicht auskennt, hat Mühe, japanische Papierarbeiten von chinesischen zu unterscheiden. Über die Papierschnittkunst Kirigami (Kiri = schneiden, Gami = Papier) in Japan ist wenig bekannt. Papierschnitte fanden vor allem Verwendung als Stickschablonen, deren Konturen auf Stoff übertragen und nachgestickt wurden. Die Motive waren zur Zeit der großen Dynastien Symbole, die nur von bestimmten Familien benutzt werden durften. Sie waren fast immer kreisförmig gezeichnet und zeigten neben Figuren aus der Mythologie auch Pflanzen, Tiere, Schiffe und Handwerksgeräte.
In Europa ist der Papierschnitt seit dem 17. Jh. bekannt. Man nimmt an, daß er von China aus über Indien, Java und Persien zu uns kam. Allerdings wird in der spanischen Literaturgeschichte des 14. Jh. bereits ein Dichter und Philosoph Rabbi Shem Tov Ben Yitzak Ben Ardotiel erwähnt, der für eine Abhandlung zum Thema „Streit zwischen Feder und Schere" alle

hebräischen Buchstaben aus Papier geschnitten haben soll. Im Europa des 17. Jh. führte sich der Papierschnitt zuerst als Weißschnitt ein. Er wies oft neben geschnittenen Konturen zusätzlich mit Nadeln perforierte Motive und mit feinsten Messern ausgeführte Oberflächeneinkerbungen auf, die als Papierschnitzerei bezeichnet wurden. Zu dieser Zeit erreichten niederländische Spitzenbilder aus weißem Papier Anerkennung weit über die Landesgrenzen hinaus. Bekannt wurden vor allem die Arbeiten von Leonore Gadell, Johanna Koerten-Block, Elisabeth Rijberg und Anna Maria van Schurman. Von v. Schurman ist ein Weißschnitt erhalten, der deutliche Anlehnung an die Muster der niederländischen Klöppelspitzen zeigt. Diese Arbeit soll die Künstlerin als siebenjähriges Mädchen angefertigt haben.
Aus Italien sind ebenfalls spitzenähnliche Weißschnitte bekannt, bei denen häufig nur der breite Rand kunstvoll durchbrochen ist, während das flächige Innenfeld zum Einkleben von Andachtsbildchen vorgesehen war. In Deutschland war zu jener Zeit Augsburg das Zentrum des Spitzenschnitts. Hier wurden ebenfalls hauptsächlich Umrandungen für Andachtsbilder und Kartuschen einzeln mit der Schere geschnitten. Auch Taufbriefe wurden auf diese Weise verziert. Später ging man dazu über, die Muster aus mehreren Papierlagen zugleich mit dem Messer auszuschneiden, bis man schließlich Spitzenbilder mit Hilfe von Stanzmodeln herstellte. Der bekannteste Augsburger Papierschneider war seinerzeit Richard Wilhelm Hus, der eigentlich Briefmaler war. Von ihm ist unter anderem ein Weißschnitt aus dem Jahre 1653 mit einer allegorischen Darstellung erhalten (Abb. S. 14, unten).
Zwischen 1740 und 1760 kam in Europa der Schwarzpapierschnitt auf. Die „Chinesischen Schatten", wie man sie zunächst nannte, waren Porträtrisse nach Schattenbildern. Diese Technik des einfachen Scherenschnitts wurde bei Hofe als eine Art Gesellschaftsspiel betrieben. Nachdem der sparsame französische Finanzminister Ludwigs XV., Etienne de Silhouette – selbst ein begeisterter Schattenrißschneider –,

Chinesische Messer-Einzelschnitte in traditionellem Stil aus der Provinz Jianzhi. (Oben: in Originalgröße, darunter: vergrößert.) Einzelschnitte erkennt man vor allem an den hauchfeinen Linien. Stapelschnitte sind meistens etwas gröber.

Vorder- und Rückseite eines farbig hinterklebten Scherenschnitts aus Goldpapier. Neuzeitliche chinesische Arbeit aus der Provinz Kuantung.

▷ Vorder- und Rückansicht zweier ähnlicher Scherenschnitte aus Goldpapier. Man erkennt deutlich die vielen einzelnen Papierstückchen, mit denen die Durchbrüche hinterklebt sind. Im Gegensatz zu den ganzflächig hinterklebten Arbeiten (links) haben diese beiden Beispiele keinen geschlossenen Hintergrund.

◁ Scherenschnitte aus Goldpapier, sogenannte Fensterschnitte. Die Durchbrüche sind mit verschiedenen farbigen Papierstücken hinterklebt, so daß sich ein vielfarbiger, ganzflächig geschlossener Hintergrund ergibt.

1759 die Verwendung von Porträtrissen anstelle der kostspieligen Miniaturen propagierte, bezeichnete man fortan alle Porträtrisse als Silhouetten. Auch das Großbürgertum entdeckte seine Liebe zu dieser einfachen schwarzen Kunst. Stammbücher und Alben waren ohne Silhouetten nicht mehr denkbar. Berufsmäßige Silhouetteure reisten mit ihrem Werkzeug durchs Land und boten ihre Arbeiten von Haus zu Haus an. Ihre Nachfahren findet man noch heute auf Jahrmärkten. Namhafte Persönlichkeiten nahmen sich, wenn auch nur zum Zeitvertreib, ebenfalls des Schwarzschnitts an, so zum Beispiel Goethe, Adolf v. Menzel, Moritz von Schwind und Philipp Otto Runge.

Spitzen-Faltschnitt aus weißem Papier, 17. Jahrhundert (Herkunft unbekannt).

Weißschnitt des Augsburgers R.W. Hus aus dem Jahre 1653. Der Einzelschnitt zeigt eine allegorische Darstellung. Hus war eigentlich Briefmaler.

Mit einer Stanze hergestellte Papierschnitt-Imitation. Das Blattwerk zeigt ungenaue und stellenweise nur halb durchtrennte Durchbrüche, die Schnittkanten weisen Druckspuren der Stanze auf. Deutschland, Jahrhundertwende.

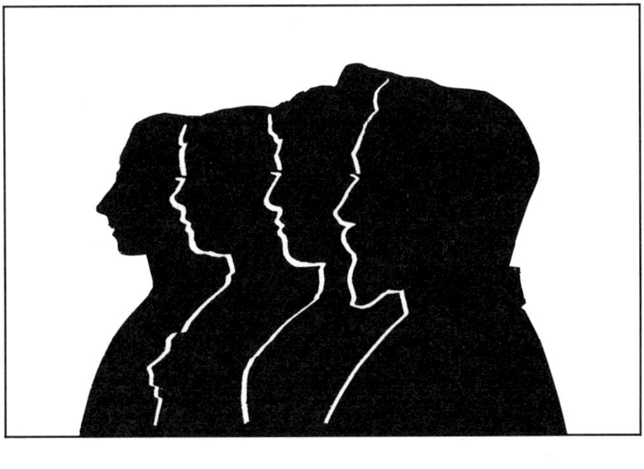

Wie man sieht, kann man Porträt-Silhouetten auch als Gruppenbild schneiden. Allerdings braucht man für eine solche Arbeit neben technischer Fertigkeit auch ein gutes Auge für Perspektiven.

Mit der Erfindung der Daguerreotypie (1837) und der Fotografie verlor der Silhouettenschnitt an Bedeutung. Jedoch wurden aus schwarzem Papier nicht nur die einfachen Schattenrisse gefertigt. Ähnlich dem Weißschnitt entstanden kleinteilige, kunstvoll durchbrochene Papierschnitte. Ein Meister dieser Kunst war der Düsseldorfer Schuster Wilhelm Müller (1804 – 1865), der nach seinem Tode rund 2000 Arbeiten hinterließ. Er lebte mit seinem an Tuberkulose erkrankten Sohn in einer Dachkammer und zog abends von Wirtschaft zu Wirtschaft, um seine Arbeiten für fünf oder zehn Pfennig zu verkaufen. Die Scherenschnitte Müllers weisen eine Besonderheit auf: sie sind, was Hauptmotiv und Umrandung betrifft, meistens aus einmal in Längsrichtung gefaltetem Papier spiegelbildlich geschnitten, während die Details – kleine Szenen in freier Natur – aus dem auseinandergefalteten Papier als Einzelschnitte gefertigt wurden (Abb. unten).

Eine der 2000 Arbeiten, die der Düsseldorfer Schuster Wilhelm Müller (1804 – 1865) nach seinem Tode hinterließ. Der durchbrochene Rand, die Vierteilung und die Bäume wurden als einfacher Faltschnitt ausgeführt, die Szenen hat Müller als Einzelschnitte aus dem stehengelassenen Papier gearbeitet.

Scherenschnitt des Schweizer Holzfällers und Köhlers Johann Jakob Hauswirth (1808 – 1871), einem der berühmtesten Schnittkünstler der damaligen Zeit. Hauswirths Arbeiten, vorwiegend Faltschnitte zu bäuerlichen Themen, haben in der Folgezeit viele Nachahmer gefunden.

Aus der Schweiz sind aus früherer Zeit vor allem die Arbeiten des Holzfällers und Köhlers Johann Jakob Hauswirth bekannt, der von 1808 – 1871 lebte. Von ihm wird berichtet, er sei ein Riese mit so großen und dicken Fingern gewesen, daß er an den Ösen seiner Schere größere Drahtringe befestigen mußte, um damit arbeiten zu können. Die Schnitte Hauswirths mit winzigen Details und wunderschön durchbrochenen Verzierungen behandelten vorwiegend bäuerliche Themen. Hauswirth, der seine Schnitte „Zeichen" nannte, weil sie als Einlagen für Bibeln und Gesangbücher gedacht waren, bot seine Arbeiten von Tür zu Tür an. Oft schnitt er seine symmetrischen Arbeiten aus einmal in Längsrichtung gefaltetem Papier aus freier Hand vor den Augen der Besteller.
Zahlreiche Scherenschnitte in der Folgezeit wurden an Vorlagen Hauswirths angelehnt, so zum Beispiel die Schnitte des Schweizer Briefträgers Louis Saugy (1871 – 1953). Unter den Schweizer Scherenschnittkünstlern der heutigen Zeit findet man wieder die

Namen Hauswirth und Saugy, deren Arbeiten, ebenfalls als symmetrische Faltschnitte angelegt, hauptsächlich das bäuerliche Leben zum Inhalt haben.
Aber die junge Schweizer Scherenschnitt-Generation, vorwiegend im Kanton Bern und dem angrenzenden Pays d'Enhaut ansässig, geht eigenwillige neue Wege, wie man auf der Ersten Schweizerischen Scherenschnitt-Ausstellung 1985 in Winterthur deutlich sehen konnte.
Die Popularität des Scherenschnitts hat in England eine fast gleiche Entwicklung genommen wie im übrigen Europa. Bekannte Silhouettenkünstler, deren Arbeiten heute bei Auktionen im Hause Sotheby's in London Preise bis zu tausend Mark erzielen, waren u. a. Isabella Beetham, John Miers, Charles Rosenberg und Jacob Spornberg sowie Charles und John Buncombe, die Silhouettenschnitte mit Aquarellmalerei kombinierten. Weißschnitte haben vor allem eine Tradition als Valentinsgaben, die Verliebte und Freunde füreinander herstellten und am 14. Februar als Zeichen der Zuneigung überreichten. Dieser Brauch, längere Zeit in Vergessenheit geraten, findet in den letzten zehn Jahren neue Belebung. Einfachere Weißschnitte findet man gelegentlich auf Holzkästchen geklebt. Mit mehreren Schichten Lack überzogen, täuschen sie auf oft verblüffende Art Elfenbein-Einlegearbeiten vor.
Polnische Papierschnitte waren seit jeher vielfarbig. Sie sind es auch heute noch. Die Zentren, in denen vor allem Frauen die Wycinanki-Technik als Hobby ausüben, sind Kurpie und Lowicz. Während die Arbeiten aus der Region Kurpie einfache Faltschnitte aus farbigem Papier mit aufgesetzten kleinen Einzelschnitten sind, bestehen die Schnitte aus Lowicz und Umgebung stets aus einem schwarzen Falt-Grundschnitt, der ebenfalls durch kleine Einzelschnitte aus Papier in verschiedenen bunten Farben ergänzt ist. Hauptmotive sind Blumen, Vögel, Bäume und Darstellungen des bäuerlichen Lebens in Volkstrachten der verschiedenen Regionen. Als Formen kehren vor allem Gwaizdy und Kodry wieder. Gwaizdy sind Rosetten, vorwiegend aus stilisierten Blumen bestehend, häufig durch einen Vogel

Neuzeitliche polnische Faltschnitt-Collage, wie sie in der Gegend von Lowicz üblich ist. Auf den Grundschnitt aus schwarzem Papier wurden den Konturen zum Teil folgende kleinere Schnitte aus farbigem Glanzpapier aufgeklebt.

oder ein Vogelpaar als Zentralmotiv ergänzt. Kodry besteht aus einem langen Streifen, oft wie Gras geschnitten und an den Enden mit einer mehrfarbigen Blume abschließend, auf den farbige Einzelschnitte gesetzt werden, so daß ein bunter Fries entsteht.
Mit Papierarbeiten dieser Art wurden und werden in manchen Gegenden auch heute noch zum Osterfest und bei Hochzeiten Hauswände und Türrahmen geschmückt. Kleine Rosetten mit zwei Streifen aus buntem Papier werden von polnischen Männern bei Tanzvergnügungen am Rockaufschlag getragen. Mädchen stellen solche Rosetten her und legen sie anonym dem Auserwählten vor die Tür.

Messerschnitt aus Goldpapier (Originalgröße 20x20 cm), mehrfarbig hinterklebt. Arbeit des Papierschnittkünstlers Lin Tsai-Hua aus der Provinz Foshan aus seiner Serie Fluß-Szenen. 70er Jahre.

Papierschnitt heute

Sieht man, welche Kunstwerke aus Papier unsere Vorfahren mit primitiveren Mitteln, als wir sie heute haben, schufen, müßte sich eigentlich jeder kunsthandwerklich Interessierte zumindest eine Zeitlang mit dem schönen und billigen Hobby des Papierschneidens auseinandersetzen. Glaubt man. Das ist aber nicht so. Der Papierschnitt, in China von den Anfängen bis heute ohne Unterbrechung gepflegt, in Holland und in der Schweiz nach einer Periode nachlassenden Interesses wieder zu großer Beachtung und einer vielzähligen aktiven Anhängerschar gekommen, beginnt erst seit einigen Jahren wieder in Deutschland populär zu werden. Die Rückbesinnung auf alte schöne Handwerks- und Handarbeitskünste hat vielen auch die Augen für die Kleinkunst des Papierschneidens geöffnet. Der Scherenschnitt, ein aus einem Stück Papier geschnittenes zusammenhängendes Bild, basiert auf einer Technik, die wenig Aufwand erfordert und von jedem, der eine Schere oder ein Schneidmesser handhaben kann, auszuführen ist.

Grundtechniken

Beim Papierschnitt unterscheidet man:
Silhouettenschnitt, Einzelschnitt mit Durchbrüchen, Faltschnitt und Stapelschnitt.
Der Silhouettenschnitt wird aus schwarzem, seltener aus weißem oder farbigem Papier mit der Schere geschnitten. Er enthält innerhalb der Konturen keine oder nur wenige Durchbrüche.
Der Einzelschnitt mit Durchbrüchen wird aus schwarzem, weißem oder beliebigem Papier so aus dem Blatt herausgeschnitten, daß die stehengebliebenen Teile ein zusammenhängendes Motiv bilden. Das Ergebnis ist ein Positiv-Schnitt. Beim Negativ-Schnitt wird das Motiv herausgeschnitten, während die verbliebenen Zwischenräume das Bild ergeben.
Der Faltschnitt kann auf verschiedene Weise hergestellt werden. Am leichtesten und von Anfängern am häufigsten ausgeführt ist der einfache Faltschnitt. Dazu wird das Papier in der Mitte in Längsrichtung so gefaltet, daß die spätere Schauseite innen liegt. Dann schneidet man mit der Schere aus der doppelten Papierlage die Motivzwischenräume aus, so daß ein symmetrisches Bild entsteht.
Ein Faltschnitt aus mehreren Lagen, Leporello oder Serienschnitt genannt, wird aus harmonikaähnlich gefaltetem Papier ausgeschnitten. Nach dem Entfalten ergibt sich ein zusammenhängendes, sich laufend wiederholendes Motiv.

△ Silhouette, Negativ- und Positiv-Form. Schnitte mit freien Durchbrüchen eignen sich nicht für den Negativschnitt, weil die herausgeschnittenen separaten Teile keinen Halt haben, wie hier an dem fehlenden Dreieck zwischen Puppe und Kind zu sehen.

▷ Einzelschnitt mit Durchbrüchen von E. M. Rodenburg, der erste Schritt vom Silhouettenschnitt zu schwierigeren Arbeiten.

Schneeglöckchenstrauß von E. M. Rodenburg, als einfacher Faltschnitt gearbeitet.

Die dritte Variante des Faltschnitts ist der Rosettenschnitt. Er wird, von einer quadratischen Grundform ausgehend, mehrfach über den Mittelpunkt des Papierblattes so gefaltet, daß nach dem Schneiden durch alle Papierlagen und dem Entfalten der Arbeit eine Rosette mit sich wiederholenden Durchbrüchen entsteht.
Der Stapelschnitt wird aus mehreren Seidenpapierlagen mit Hilfe einer Schablone oder nach einer Vorzeichnung mit Messer oder Schneidfeder herausgeschnitten. Das Papier wird dazu auf einer elastischen Unterlage befestigt.

Der Silhouettenschnitt

Für den Silhouettenschnitt, der eine gute Übung für Hand und Auge ist, braucht man schwarzes oder weißes Papier und eine kleine scharfe, spitze Schere. Zu Beginn kann man mit einfachem Schreibpapier arbeiten, das ist für Übungszwecke am billigsten. Hingegen sollte man beim Kauf der Schere wählerisch

sein. Eine Scherenschnitt- oder Stickschere muß exakt geschliffene Spitzen haben und auch bis in die Spitzen scharf sein. Die Schneidbacken sollten kurz, die Griffenden lang sein. Für Vorzeichnungen auf dem Papier braucht man, sofern man nicht aus freier Hand arbeitet, einen weichen Bleistift. Über das Vorzeichnen gehen die Meinungen auseinander. Mancher ist dafür, mancher dagegen. Für das Vorzeichnen spricht, daß man sich, solange man noch ungeübt ist, voll auf die Technik des Schneidens konzentrieren kann. Dagegen spricht, daß man die Koordination von Sehen und Schneiden, also das Umsetzen einer dreidimensionalen Wahrnehmung in die einfache Bildsprache des Scherenschnitts, nicht von vornherein übt.
Zum Schneiden faßt man das Papier mit der linken Hand. Rechts wird die Schere gehalten. Man beginnt mit dem Schneiden rechts an der unteren Kante. Linkshänder arbeiten umgekehrt. Die Schere wird zügig, jedoch ohne Hast geführt, wobei die andere Hand das Papier in die jeweils günstigste Schnittposition bringt. Also: Das Papier wird bewegt, während man die Schere stets ruhig hält. Hat man einige einfache Silhouetten zu seiner Zufriedenheit geschnitten, kann man an schwierigere Motive gehen. Auf Seite 54 sind einige Tiermotive als Vorlagen für Übungen abgebildet. Der nächste Schritt ist das Schneiden einer Silhouette mit Durchbrüchen, z. B. ein Kopf, bei dem

Silhouette mit wenigen Durchbrüchen.

Innensilhouette mit Durchbrüchen. Die plastische Darstellung im Halbprofil setzt Kenntnisse von Licht-und-Schatten-Wirkung voraus. (Nachschnitt nach einer Vorlage von K. Wellner aus der Mappe „Licht und Schatten", Otto Maier Verlag Ravensburg, um 1910).

Augen und Augenbrauen, das Haar oder ähnliches flächig oder als feine Linien aus dem Papier herausgeschnitten sind.
Noch mehr Können und vor allem Kenntnisse von Licht-und-Schatten-Wirkung erfordert eine Innensilhouette mit einer Darstellung im Halbprofil, wie auf der Abb. oben gezeigt. Bei einer Innensilhouette werden die Konturen als schmale Linien aus dem Papier herausgeschnitten.

Der Einzelschnitt mit Durchbrüchen

Obwohl man in der Regel für Einzelschnitte mit Durchbrüchen eine kleine spitze Scherenschnitt- oder Stickschere benutzt, kann man auch eine Schneidfeder

Dieser Papierschnitt, der mit Schere, Messer oder beidem kombiniert ausgeführt werden kann, ist ein gutes Arbeitsbeispiel für den Übergang vom Silhouettenschnitt zum durchbrochenen Einzelschnitt (E. M. Rodenburg).

oder ein Papiermesser zu Hilfe nehmen. Man kann sogar Einzelschnitte ausschließlich mit dem Messer arbeiten. Das kann ein scharfes Papier- oder Grafikermesser, ein Skalpell oder ein Federmesser (Schneidfeder) sein.
Die Arbeit mit der Schere ist bei nicht zu kleinteiligen Motiven für Anfänger einfacher, die Gefahr von nicht vorgesehenen Einschnitten kleiner als bei der Benutzung eines Messers. Man beginnt mit dem Schneiden der am weitesten innen liegenden Durchbrüche und arbeitet von der Mitte nach außen. Auf diese Weise hat man bis zum Schluß die weniger empfindlichen Teile des Papiers zum Festhalten und Dirigieren. Wichtig ist, daß zum Schluß alle herausgearbeiteten Motivteile zusammenhängend sind. Diese Zusammenhänge müssen sich aus der Motivkomposition ergeben. Sie dürfen nicht durch Stege erzielt werden, die mit dem Motiv nichts zu tun haben. Außerdem sollte ein solcher Papierschnitt die flächenhafte Ausbreitung eines Motivs zeigen. Perspektivische Darstellungen, die nur begrenzt möglich sind, entsprechen nicht dem Wesen dieser bildnerischen Technik.
Die Motive können freistehend oder in Rahmen gearbeitet werden. Voraussetzung ist, daß auch der Rahmen als Motivteil, also mit diesem zusammenhängend geschnitten wird. Solche Rahmen können rund, oval, eckig oder bogenförmig sein. Manchmal ergibt sich die Rahmenform aus der Art, manchmal aus dem Inhalt des Motivs. Ein Rahmen kann einen Papierschnitt begrenzen, er kann ihn aber auch einengen.
Die Gegenüberstellungen auf den Seiten 27 bis 29 zeigen einige Beispiele. Aus ihnen wird erkennbar, daß man keine Grundregeln aufstellen kann, nach denen zum Beispiel Personen oder Personengruppen im Freien stets ohne, Szenen in geschlossenen Räumen dagegen mit Rahmen zu arbeiten sind. Die Frage des Rahmenschnitts steht immer im Zusammenhang mit dem Bildinhalt.
Beim Messerschnitt, der ebenfalls von der Mitte zu den Außenrändern ausgeführt wird, liegt das Papier flach auf einer elastischen Unterlage, zum Beispiel Filzpappe oder dichtgeschäumtes feinporiges Styropor.

Diese Kindergruppe wird durch den ovalen Rahmen, der dem Beschauer nur eine Guckloch-Perspektive erlaubt, eingeengt.

Die Kindergruppe von der Abbildung oben ohne Rahmenschnitt. Das Bild vermittelt nun den Eindruck von freier unbegrenzter Natur, in der die Kinder sich bewegen.

Weichholz ist nicht zu empfehlen, weil die Maserung sich durchdrückt und keine exakte Schnittführung zuläßt.
Das Papier wird mit der Schauseite nach unten auf der Platte befestigt. Dazu nimmt man am besten Klebstreifen. Das Schneidinstrument wird stets ziehend und mit mäßigem Druck geführt. Anfänger sollten unbedingt einige Probeschnitte ausführen, um das richtige Gefühl für Druck und Bewegungsrichtung des Messers zu bekommen. Wird das Messer zu rasch bewegt, reißt das Papier ein. Das Papier reißt auch, wenn das Messer stumpf ist, deshalb empfiehlt es sich, wenn man öfter mit dem Messer arbeiten möchte, eines mit

Der bogenförmige Rahmen gibt dieser Kinderszene eine Atmosphäre häuslicher Geborgenheit und Wärme.

Im Gegensatz zu dem Beispiel oben wirkt hier der Rahmen störend: Der Maler ist zwar draußen, jedoch wird seine freie Sicht durch den Rahmen begrenzt.

Daß man grundsätzlich Außenszenen freistehend und Innenszenen gerahmt arbeiten sollte, widerlegt dieses Beispiel. Der bogenförmige Rahmen verleiht dem Bild etwas Geheimnisvolles, bei dem der Erwachsene, wie durch einen Torbogen blickend, nur als Zuschauer zugelassen ist, jedoch im Notfall eingreifen könnte.

Derselbe Scherenschnitt von der linken Seite ohne Rahmen. Die Kinder wirken plötzlich nicht mehr so geborgen, eher scheinen sie sich selbst überlassen zu sein, irgendwo draußen im Hof oder Garten.

Noch einmal dieselbe Szene der linken Abbildung ohne Rahmen. Plötzlich sitzt der Maler auf einer großen Wiese, die dort spielenden Kinder haben ihn aufgespürt und sehen ihm über die Schulter. Die Arbeit ist ohne Rahmen viel aussagekräftiger.

Noch einmal der Laternenumzug vom Bild links. Der fehlende Rahmen läßt die Kinder plötzlich hilflos und in der Weite der abendlichen Landschaft ungeschützt erscheinen.

auswechselbaren Klingen zu kaufen (sog. Grafikermesser). Ungeübte haben zu Beginn Probleme mit dem exakten Ausschneiden von Ecken. Es ist einfacher, wenn man die Ecken vom Scheitelpunkt nach außen schneidet. Arbeitet man von außen nach innen, besteht leicht die Gefahr, daß man zu tief in die Ecken hineinschneidet. Solche Überschneidungen sind nicht mehr korrigierbar und fallen bei der fertigen Arbeit störend auf. Das andere Extrem ist, daß Ecken häufig aus Vorsicht nicht ganz ausgeschnitten und die Teilchen, die von selbst herausfallen sollen, herausgezupft werden. Auch dieser Fehler ist beim fertigen Papierschnitt deutlich sichtbar.

Jagdszenen, geschnitten aus ungummiertem Glanzpapier mit einem Federmesser (Schneidfeder)

Anfänger haben zunächst oft Schwierigkeiten, Schnitte mit feinen Linien – hier Flintenlauf und Wanderstab – mit der Schere auszuführen. Manchmal klappt es besser mit einer dünnen Schneidfeder oder einem scharfen Papiermesser

Der einfache Faltschnitt

Für diese Technik kann man beliebiges Papier verwenden, es darf jedoch nicht zu dick sein, da man durch zwei Papierlagen schneiden muß. Man faltet das Papier in Längsrichtung. Die spätere Schauseite liegt dabei innen. Auf die Außenseite wird das Motiv gezeichnet, das sich nach dem Schneiden und Auseinanderfalten des Blattes von der Mittelachse ausgehend spiegelbildlich wiederholt. Die Schere sollte etwas kräftiger sein. Für die Außenkontur kann man eine normale scharfe Handarbeitsschere nehmen. Mit dem Schneiden beginnt man am Mittelbruch. Es ist wichtig, daß man das Papier so fest hält, daß die beiden Lagen nicht verschoben werden. Aus diesem Grunde ist es ratsam, kein rückseitig gummiertes Papier zu nehmen. Durch die Wärme der Hand, die das Papier fester als sonst hält, löst sich der Kleber etwas, und das Papier haftet an den Fingern. Was die Schnitt-Technik betrifft, so gilt hier das bereits beim Einzelschnitt Gesagte. Ist der Schnitt vollendet, wird das Papier auseinandergefaltet. Auf keinen Fall darf man das Blatt zwischendurch entfalten, da man es nicht wieder millimetergenau zusammenlegen und den Schnitt fortführen kann, ohne daß eine später sichtbare Unregelmäßigkeit entsteht. Die Fotos auf Seite 32 und 33 erläutern die einzelnen Arbeitsphasen.

Zur Herstellung eines einfachen Faltschnitts wird das Papier mit der Schauseite nach innen in der Mitte in Längsrichtung gefaltet. Auf die obere Papierseite wird das zu schneidende Motiv mit Bleistift aufgezeichnet, sofern man nicht aus freier Hand schneiden will.

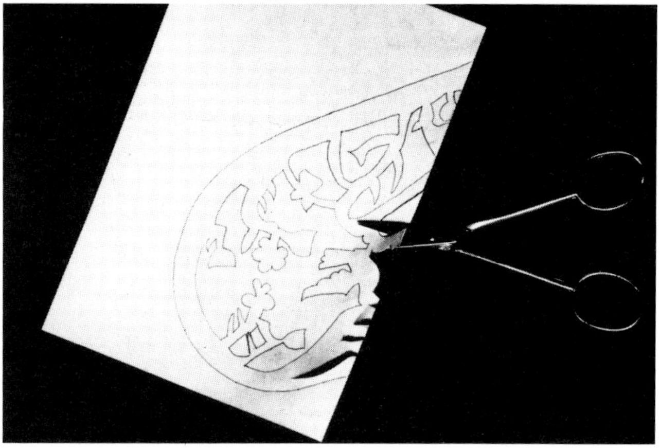

Mit dem Ausschneiden der Motiv-Zwischenräume beginnt man am Bruch (Faltstelle) und arbeitet auf den gegenüberliegenden Rand zu.

Um saubere Innenschnitte besser ausführen zu können, sticht man mit der Schere in das später herausfallende Stück ein Loch und schneidet es etwas aus. Dadurch hat man mehr Bewegungsfreiheit für die Schere. Die beiden Papierlagen müssen stets fest zusammengedrückt werden und dürfen sich nicht verschieben.

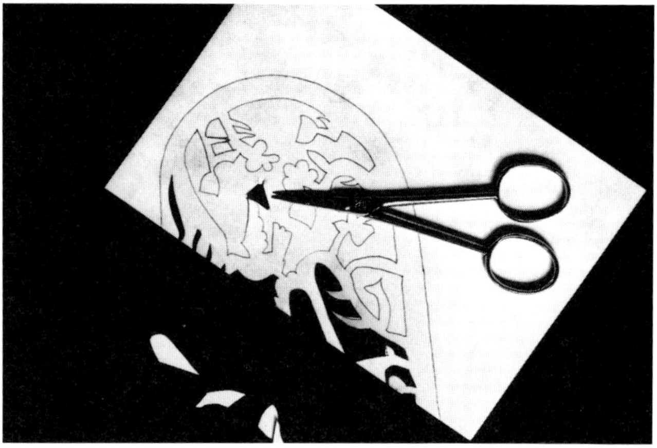

▷ Wenn alle Teile ausgeschnitten und die losen Papierstücke herausgefallen sind, faltet man den Schnitt auseinander. Nicht vorher entfalten, das anschließende genaue Zusammenlegen der unvollendeten Arbeit ist sehr schwierig und gelingt fast nie.

▽ Schnittmuster in Originalgröße.

Der Rosettenschnitt

Die hier und auf den folgenden Seiten gezeigten Zeichnungen sind der besseren Deutlichkeit halber nicht maßstabgerecht angelegt. Tatsächlich wird natürlich das Papier nach jedem Faltvorgang kleiner. Die Pfeile kennzeichnen jeweils die Mitte der späteren Rosette.

Dieser Schnitt basiert auf der Mehrfachfaltung über den Mittelpunkt eines quadratischen Blattes. Man kann das Blatt waagerecht und senkrecht oder diagonal falten. Die Diagonalfaltung hat sich als vorteilhafter erwiesen, weil man bei manchen Rosettenformen die entstehenden Spitzen mit ausnutzen kann und so mehr Variationsmöglichkeiten hat. Das Papier muß sehr dünn sein. Am besten verwendet man Seidenpapier, besonders dann, wenn es sich um Rosetten mit zwölf- oder sechzehnfacher Motivwiederholung handelt.
Bei sechs- oder achtfachen Rosetten kann man auch Transparentpapier (sogenanntes Laternen- oder Drachenpapier) nehmen. Für die Vierfachfaltung eignet

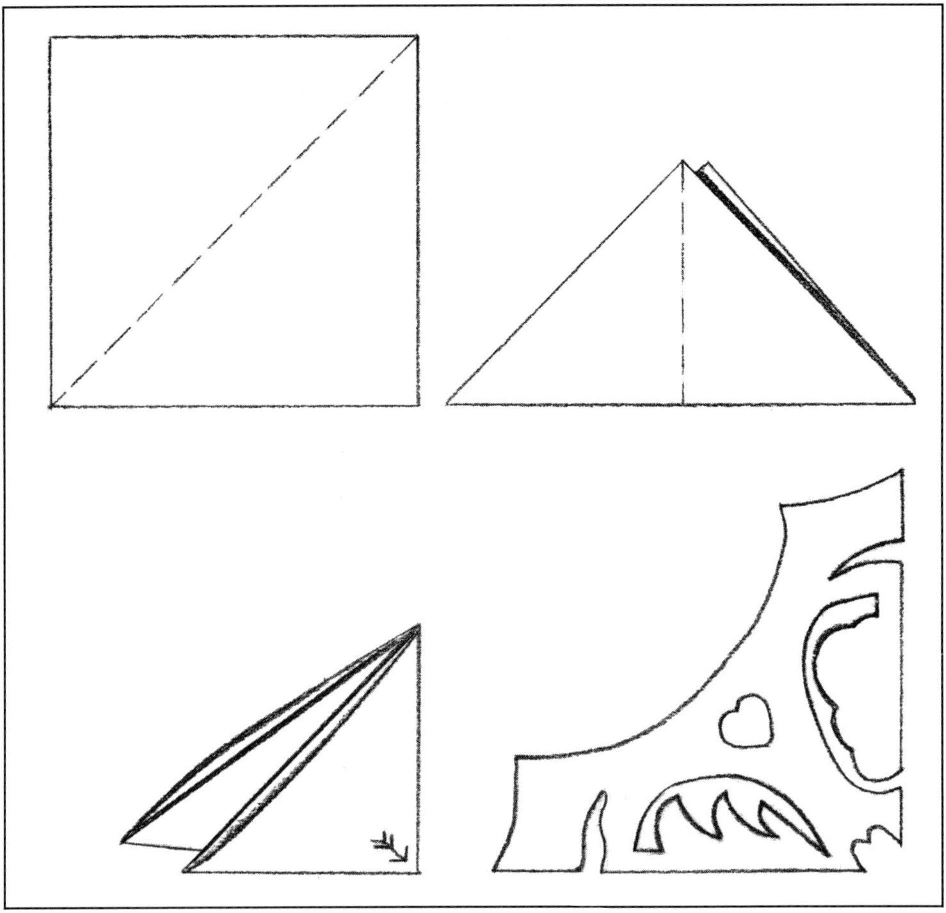

sich außer den genannten Papiersorten auch Origami-Faltpapier oder dünnes Schreibpapier. Die Zeichnungen auf den folgenden Seiten zeigen die Arbeitsphasen für vier-, sechs-, acht-, zwölf- und sechzehnfache Rosetten.

Vierfache Rosette:

Ein quadratisches Blatt Papier diagonal falten. Das entstandene Dreieck mit dem Bruch parallel zur Tischkante legen und einmal in der Mitte (Strichmarkierung) falten. Die durch alle Papierlagen geschnittenen Motivteile wiederholen sich viermal.

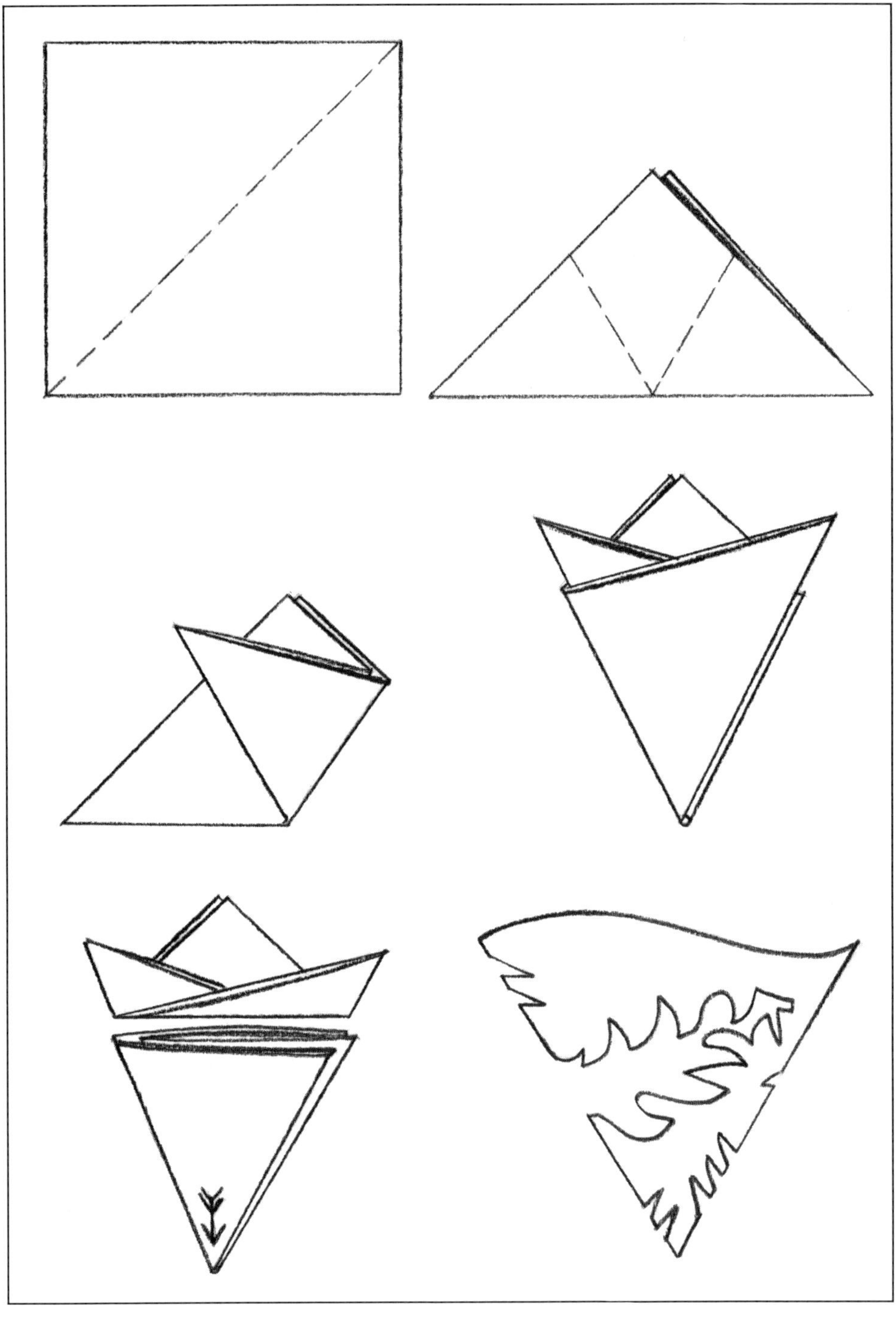

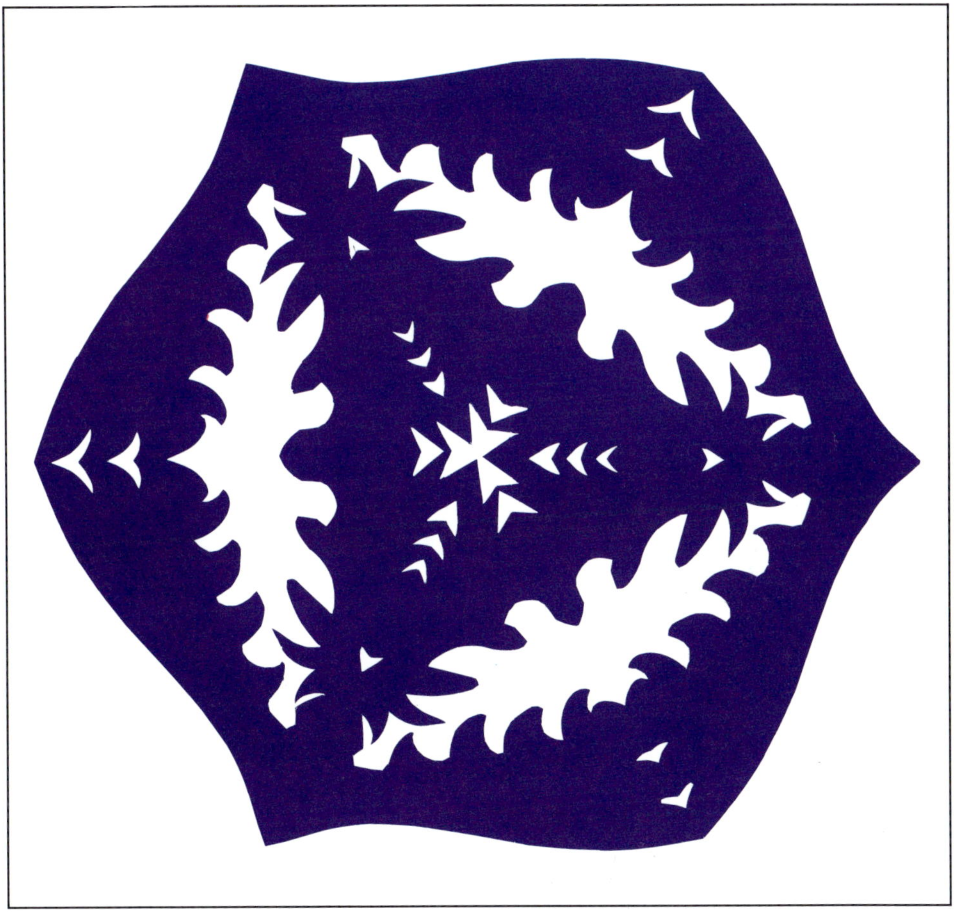

Sechsfache Rosette:

Papierquadrat diagonal falten.
Die seitlichen Ecken jeweils so aufwärts biegen, daß der Bruch an der gegenüberliegenden Strichmarkierung liegt (rechte Bruchkante an linker Markierung, linker Bruch an rechter Linie). Die drei überstehenden Spitzen je nach Motiv gerade oder bogenförmig abschneiden.

Achtfache Rosette:

Papierquadrat diagonal falten.
Mit dem Bruch parallel zur Tischkante legen.
Rechte Spitze so auf die obere Spitze des Dreiecks falten, daß der Bruch an der punktierten Mittellinie verläuft.
Die linke Spitze genauso aufwärts falten.
Beide Hälften entlang der senkrechten Mittellinie nach hinten aufeinanderfalten. Obere Spitzen abschneiden.

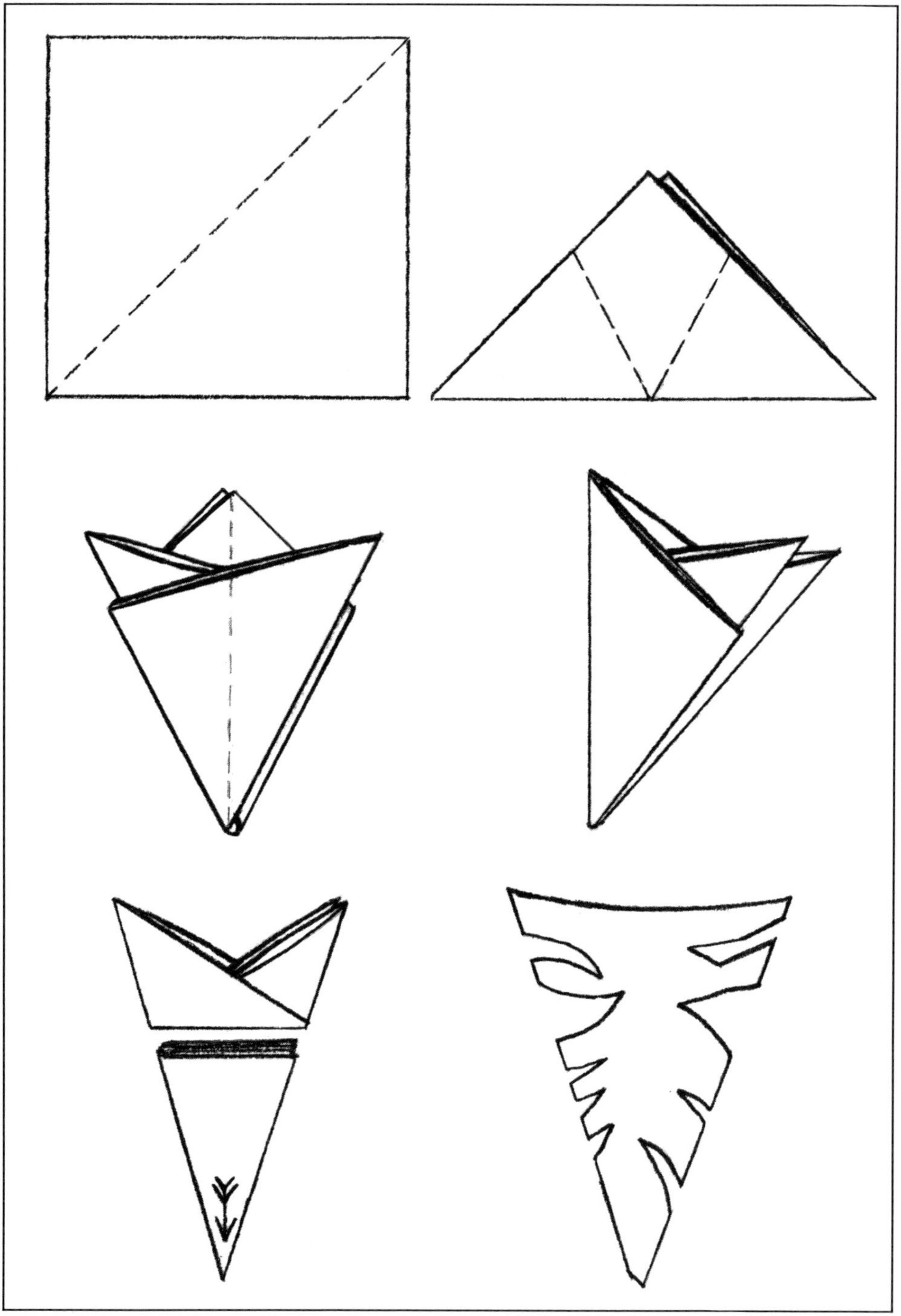

Zwölffache Rosette:

Die ersten drei Faltvorgänge ausführen wie bei der sechsfachen Rosette auf Seite 36 und 37. Anschließend das Papier entlang der gestrichelten Mittellinie nach vorn falten, so daß die linke Spitze auf der rechten liegt. Die oberen Ecken gerade abschneiden.

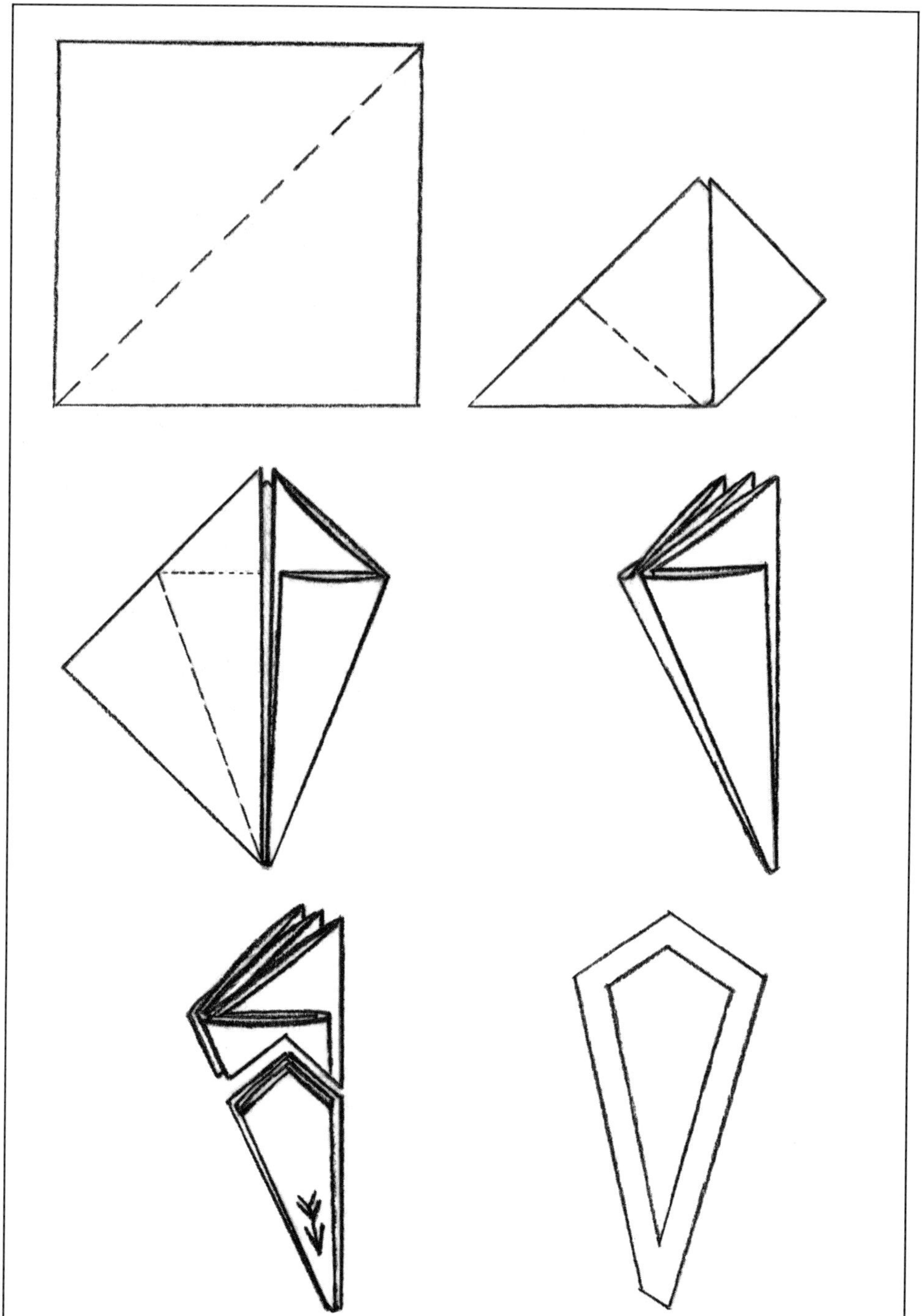

Sechzehnfache Rosette:

Papierquadrat diagonal falten.
Mit der Bruchkante parallel zur Tischkante legen und die rechte Spitze nach oben auf die Mittelspitze falten. Ebenso die linke Spitze. Die Bruchkanten verlaufen nun parallel senkrecht. Zuerst die rechte, dann die linke Spitze so zur Mitte falten, daß der bei der vorherigen Faltung entstandene diagonale Bruch parallel zur senkrechten Mittellinie verläuft.
Abschließend alles entlang der Mittellinie nach hinten falten und die oberen Spitzen je nach Rosettenform gerade, schräg oder spitz abschneiden.

Der Leporelloschnitt

Diese Technik wird auch als Serien-, Treppen- oder Harmonikaschnitt bezeichnet. Sie kann nur mit sehr dünnem Papier ausgeführt werden. Man braucht außer dem Papier ein Lineal zum Abmessen der Bruchabstände beim Falten, einen Bleistift für die entsprechenden Markierungen und zum Aufzeichnen des Motivs oder der Motivhälfte. Außerdem benötigen Sie eine kräftige scharfe Handarbeitsschere (nicht Stickschere).

Hat man die Faltenbreite auf dem Papierstreifen abgemessen und markiert, faltet man das Papier abwechselnd einmal nach vorn und einmal nach hinten wie eine Harmonika. Dabei müssen alle Falten unbedingt gleich breit bzw. tief sein.

Danach schneidet man durch alle Papierlagen zugleich das Motiv aus. Damit die Falten nicht verrutschen, muß man sie mit der einen Hand ganz fest halten. Man kann sie auch an den nicht zu bearbeitenden Stellen mit Büroklammern zusammenheften. Möchte man einen langen Streifen schneiden, ist es ratsam, zuerst die eine Hälfte bis zur Mitte zu bearbeiten und danach die zweite so zu schneiden, daß sich die Motive bzw. Motivhälften in der Mitte treffen. Das ist nicht ganz einfach, man muß genau überlegen, bevor man schneidet. Die Zeichnung (unten) zeigt, wie ein einfacher Leporelloschnitt entsteht.

▷ Seite 45
Solche Gardinen für einen besonderen Tag lassen sich aus farbigem Schrankpapier leicht in Leporellotechnik herstellen.

Beim Leporelloschnitt, auch Serien-, Treppen- oder Harmonikaschnitt genannt, wird ein Papierstreifen in gleichmäßige Harmonikafalten gelegt. Auf die obere Papierlage zeichnet man das auszuschneidende Motiv, das sich nach dem Entfalten des Papierstreifens als zusammenhängende Reihung spiegelbildlich wiederholt.

Der Stapelschnitt

Für den Stapelschnitt braucht man:
Dünnes Papier (Seiden- oder Batikpapier)
Stopfnadel oder Ahle
Drahtstifte (kräftige Haarnadeln)
Karton, größer als das auszuschneidende Motiv
Faser- oder Kugelschreiber
Filzpappe oder feinporige Styroporplatte
Klebstreifen
Papiermesser (Grafikermesser, Skalpell oder anderes spitzes scharfes Messer).

Zwölf bis fünfzehn Lagen Seidenpapier werden auf die als Schneidunterlage dienende Filzpappe oder Styroporplatte gelegt und an allen vier Ecken mit Stopfnadel oder Ahle durchstochen. Dann heftet man die Papierlagen mit Hilfe der Drahtstifte unverrückbar auf der Arbeitsplatte fest. Die Drahtstifte kann man selbst herstellen, indem man Drahtabschnitte am oberen Ende haken- oder augenförmig biegt, so daß sie das Papier festhalten (siehe Fotos unten). Kann man keine Stifte beschaffen, behilft man sich, indem man die Papierlagen mit einem doppelten Nähfaden zusammenheftet und den Stapel dann mit Klebstreifen auf der Unterlage befestigt. Das ist jedoch nur ein Notbehelf. Die Heftung mit Drahtstiften ist besser. Auf Karton, der eine andere Farbe haben sollte als das Papier, wird das vorgesehene Motiv aufgezeichnet und mit dem Messer ausgeschnitten. Diese Schablone befestigt

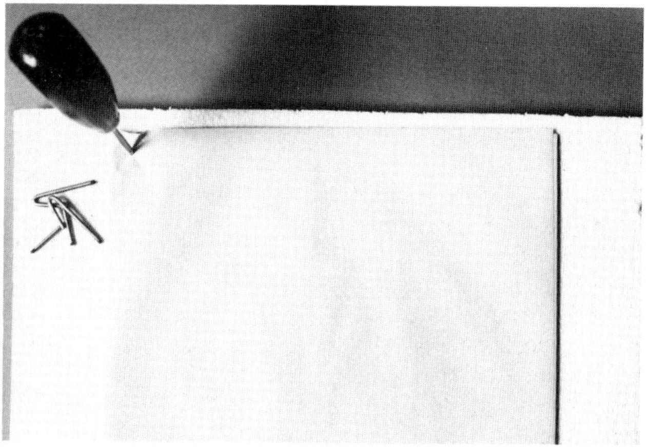

Der mit einer Stopfnadel oder Ahle vorgestochene Seidenpapierstapel wird mit Drahtstiften auf der elastischen Schneidunterlage befestigt.

Auf die obere Papierlage heftet man mit Klebstreifen eine Kartonschablone, die man zuvor ausgeschnitten hat.

Alle Konturen der Schablone werden mit einem senkrecht geführten spitzen Schneidmesser innen und außen umfahren. Dabei stößt man das Messer bei gleichzeitiger ziehender Bewegung durch alle Papierlagen.

Ist der Schnitt fertig, werden alle Papierabfälle herausgeschüttelt. Nicht ganz durchtrennte Stellen müssen nachgearbeitet werden, bevor man den Stapel von der Unterlage löst. Die fertigen Schnitte werden einzeln mit einer Pinzette abgehoben.

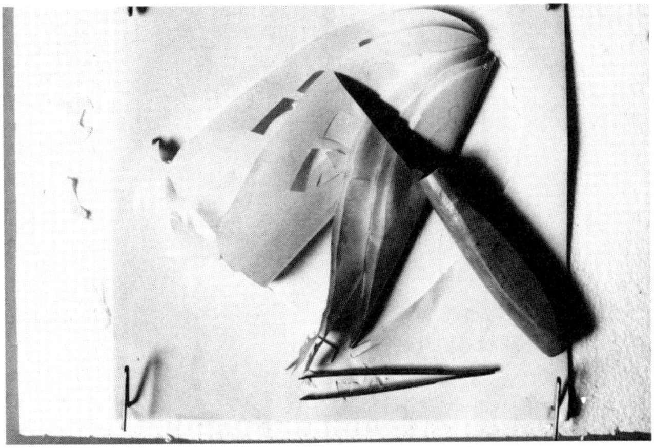

Chinesische Stapelschnitte aus Seidenpapier mit traditionellen Motiven. 70er Jahre, Zhong Guo.

man an mehreren Stellen auf der oberen Papierlage mit Klebstreifen, so daß sie nicht verrutschen kann. Zum Ausschneiden der Papierteile innerhalb und außerhalb der Konturen wird das Schneidmesser senkrecht auf das Papier gesetzt und bis zur Unterlage durchgestoßen. Man führt es direkt an den Ausschnittkanten entlang in leichten Stoßbewegungen auf und ab und zugleich vorwärts bzw. in die der Motivschablone entsprechende Richtung. Die Bewegungen sollen dabei gleichmäßig und locker sein, und das Messer sollte innerhalb einer geschlossenen Form nicht abgesetzt werden. Sind alle Schnitte ausgeführt, löst man die Schablone vom Stapel und schüttelt die herausgeschnittenen Papierteilchen ab. Noch festhaftende Stücke müssen nachgeschnitten werden. Nicht einfach herausreißen! Eventuell nicht ganz durchtrennte Schnittstellen der unteren Lagen müssen ebenfalls nachgebessert werden, bevor der Stapel von der Unterlage genommen wird. Die fertigen Schnitte werden einzeln vom Stapel gehoben. Dazu kann man eine Pinzette nehmen. Man sollte die Schnitte nicht seitlich einfach wegziehen, da sich die Motivteile des dünnen Papiers leicht ineinander verhaken können.

Mischtechniken

Es ist nicht erforderlich, daß man mit nur einem Instrument schneidet. Manche Teile – Rundungen usw. – lassen sich am besten mit einer Schere herausarbeiten, während spitze Winkel und Ecken exakter mit einem Messer geschnitten werden können.
Ein Faltschnitt muß nicht ausschließlich zwei symmetrische, motivgleiche Bildhälften haben. Man kann auch einen Teil aus gefaltetem Papier schneiden, das Papier auseinanderfalten und die verbliebenen unbearbeiteten Papierflächen als Einzelschnitte gestalten (siehe dazu Abb. auf Seite 16).
Schnitte aus weißem oder hellem Papier lassen sich teilweise oder ganz mit Wasserfarben bemalen. Die Kombination von exakten Konturen und verlaufenden Farben kann sehr reizvoll sein.
Obwohl Papierschnitte stets aus einem zusammenhän-

genden Stück bestehen sollten, bietet sich die Collage als Erweiterung technischer und kreativer Möglichkeiten an, indem man zwei aufeinander abgestimmte Einzelschnitte in kontrastierenden Farben zu einer Bildkomposition zusammenklebt (Umschlagfoto). Eine andere Form ist das Bekleben eines schwarzen Grundschnittes mit kleineren farbigen, den Schnittkonturen folgenden Teilen, wie es noch heute in Polen üblich ist. Nicht jeder Scherenschnitt muß unbedingt eine separate Arbeit sein. Man kann auch ein kleines Motiv aus einem größeren Blatt (zum Beispiel Briefpapier) herausarbeiten, indem man nur die Durchbrüche schneidet und die Außenkontur unberücksichtigt läßt.
Das ganzflächige Hinterkleben einer Arbeit ist eine weitere sehr einfache Möglichkeit der Bildgestaltung. Schwierig und außerordentlich mühsam hingegen ist es, eine kleinteilige Arbeit in einzelnen Ausschnitten mit verschiedenfarbigen Papierstückchen zu hinterkleben, wie es die Bildbeispiele zeigen, die Sie auf den Seiten 12 und 13 finden.

Das Aufkleben

Silhouetten und Arbeiten mit wenigen Durchbrüchen sind leicht aufzukleben. Kleine Schnitte werden ganzflächig mit dünnem Tapetenkleister bestrichen oder, wenn die Rückseite gummiert ist, mit Wasser befeuchtet und auf den Bildträger geklebt. Man bedeckt sie anschließend mit einem sauberen Blatt Papier und beschwert die Arbeit mit einem Buch, bis alles getrocknet ist.
Größere Arbeiten sind schwieriger auf den Untergrund zu bringen, besonders, wenn sie kleinteilig geschnitten sind. Es besteht die Gefahr, daß die feinen Teilstücke reißen. Auch kann sich das durchbrochene Gebilde beim Aufkleben leicht verschieben, so daß zum Schluß Beulen oder Spannungen entstehen. Es ist deshalb äußerste Sorgfalt und Geduld erforderlich. Vor dem Aufkleben markiert man auf dem Bildträger – das wird in der Regel ein Stück Karton sein – eine senkrechte Mittellinie und die oberen und unteren Eckpunkte des Motivs, die man durch vorsichtiges Auflegen und

Flachdrücken ermittelt. Je nach Beschaffenheit der Rückseite bestreicht man die Mittellinie der auf einer sauberen Unterlage mit der Schauseite nach unten liegenden Arbeit mit dünnem Tapetenkleister oder Wasser. Der Kleister muß so sparsam aufgetragen werden, daß er beim späteren Andrücken des Papierschnitts nicht hervorquillt. Beim Anfeuchten mit Wasser darf das Papier nicht zu naß werden, sonst rollt es sich. Der Papierschnitt wird vorsichtig und ohne Hast mit der angefeuchteten Mittelpartie auf die Mittelmarkierung des Bildträgers gelegt und von der Mitte aus auf- und abwärts angedrückt. Das geht am besten mit einem nicht fasernden trockenen Papiertuch. Die Klebstelle wird mit einem Blatt Papier bedeckt und mit einem Buch beschwert, bis sie getrocknet ist. Anschließend deckt man die eine Hälfte des lose aufliegenden Papierschnitts mit einem Stück Zeichenkarton ab und klappt die andere Hälfte darüber. Das nächste neben dem Mittelstreifen liegende Teilstück wird wie beschrieben vorbehandelt, aufgeklebt, abgedeckt und beschwert. So arbeitet man Stück für Stück weiter, bis man die Eckmarkierungen erreicht hat. Anschließend klebt man auf die gleiche Weise die andere unter dem Zeichenkarton liegende Hälfte der Arbeit auf. Es ist wichtig, in kleinen Teilstücken zu arbeiten, um ein Verschieben innerhalb der Gesamtfläche zu vermeiden.

Kleiner Weißschnitt, nicht zu verwechseln mit einem aus schwarzem Papier geschnittenen Negativschnitt, bei dem die Zwischenraumteile zwischen Tierbeinen und Baumstämmen herausfallen würden.

Beispiel für die Weiterverarbeitung eines Scherenschnitts: Die Arbeit wird mit den Außenkonturen auf einen entsprechend ausgeschnittenen Papierbogen geklebt und anschließend mit Papier in einer Kontrastfarbe hinterlegt.

Briefpapier, Grußkarten und Umschläge von Tagebüchern oder Alben lassen sich mit Scherenschnitten individuell gestalten.

Vorlagen

Die Vorlagen auf den nächsten Seiten können auf verschiedene Weisen übertragen werden. Am schnellsten geht es, wenn man sie fotokopiert (evtl. dabei vergrößern) und dann auf die Rückseite des zu bearbeitenden Papiers überträgt. Diese Lösung ist die teuerste. Wer es sich ganz einfach machen will, stellt den Kopierer auf die dunkelste Stufe ein. Die kopierten Schnittmuster erscheinen tiefschwarz und können direkt ausgeschnitten werden. Diese Methode eignet sich vor allem für Übungsschnitte.
Man kann die Vorlagen aus dem Buch aber auch auf Transparentpapier durchzeichnen und die Zeichnung dann mit Kopierpapier (Blaupapier, Kohlepapier, Graphitpapier) übertragen. Buchstaben, die ja seitenverkehrt auf die Rückseite des auszuschneidenden Papiers gezeichnet werden müssen, überträgt man wie folgt: Der ausgewählte Buchstabe wird mit Transparentpapier überdeckt und mit einem weichen Bleistift genau durchgezeichnet. Dann nimmt man das Transparentpapier ab, legt es mit der Zeichnung nach unten auf das Scherenschnittpapier und fährt die Linien mit einem Kugelschreiber nach.
Der Kranz auf Seite 56 ist eine Vorlage für einen Faltschnitt. Er muß mit seinen geraden Kanten am Papierbruch liegen. Die Girlande auf Seite 60 ist für einen Leporelloschnitt gedacht und muß auf Papier mit entsprechender Faltung übertragen werden.

Liebe

Geburtstag, Feier

Alphabet

J
K
L
M
N
O
P
Q
R